图解铁路工程施工安全 25

图解铁路工程材料储存与运输安全

黄守刚　编著

中国铁道出版社

2012年·北京

图书在版编目(CIP)数据

图解铁路工程材料储存与运输安全/黄守刚编著
北京:中国铁道出版社,2012.7
(图解铁路工程施工安全/黄守刚主编)
ISBN 978-7-113-14628-3

Ⅰ.①图… Ⅱ.①黄… Ⅲ.①铁路工程—工程材料—储存—安全技术—图解②铁路工程—工程材料—安全运输—图解 Ⅳ.①U215.8-64

中国版本图书馆 CIP 数据核字(2012)第 089655 号

书　　名：图解铁路工程施工安全
图解铁路工程材料储存与运输安全
作　　者：黄守刚

策划编辑：许士杰
责任编辑：许士杰　　**编辑部电话**：(010) 51873204　　**电子信箱**：syxu99@163.com
版式设计：纪　潇
责任校对：张玉华
责任印制：陆　宁

出版发行：中国铁道出版社（100054，北京市西城区右安门西街 8 号）
网　　址：http://www.tdpress.com
印　　刷：中国铁道出版社印刷厂
版　　本：2012 年 7 月第 1 版　2012 年 7 月第 1 次印刷
开　　本：850 mm×1 168 mm　1/32　印张：6.25　字数：165 千
印　　数：1～3 000 册
书　　号：ISBN 978-7-113-14628-3
定　　价：28.00 元

前 言

铁路工程建设规模大、施工人员分散、流动性强、机械化程度低、劳动强度高、安全管理人员数量少、临时设施多、职业卫生条件差，加之新材料、新技术、新工艺、新装备大量采用，安全管理任务重，难度大。为解决铁路工程施工安全教育培训难题，编著者们针对铁路工程施工的安全特点，撰写了“图解铁路工程施工安全”系列丛书。

本丛书以最新版铁路工程施工安全技术规程、施工现场临时用电安全技术规范、建筑机械使用安全技术规程等标准、规范、规程为基础，以满足安全管理、安全技术和安全操作三个层次人员的教育培训需要为目标，深入浅出地用图画形式直观、形象地解析了铁路工程施工危险危害因素、安全基本常识、安全技术要点与安全管理注意事项等。

本丛书特别适合作为一线施工人员的安全知识、安全技能学习的自学用书，也可作为安全作业的指导用书，还适合于施工安全管理人员、施工技术人员等参考阅读。

限于编著者们的水平和绘图素材的选取局限性，书中错误和不妥之处在所难免，恳请广大读者批评指正。

本丛书由石家庄铁道大学黄守刚主持编著，铁道部铁路工程技术标准所薛吉岗主持审定。

编著者

2012年7月

目录
Contents

1　材料储运安全

各种材料的储存应符合下列规定：

（2）片石堆放高度不得超过1m，条石、块石堆放高度严禁超过1.5m，砖块堆放高度不得超过2m，并应平置堆放，互相叠压。

各种材料的储存应符合下列规定：

（3）易于滑滚的材料堆放时必须捆绑牢固，高度不得超过2m。

各种材料的储存应符合下列规定：

（4）堆放钢板及钢杆件时，高度不得超过1m，每层应用垫木隔开。

各种材料的储存应符合下列规定：

（5）存放压缩气瓶时，应立放于无油、干燥、通风良好、无日光直射的室内。

3. 铁路封闭区域内一般不应存放材料，确需临时存放时，应放置在栅栏（墙）边，严禁侵入规定的铁路限界。

4．营业线施工存放在线路外侧的钢轨，轨枕，组装的道岔，供电、通信、信号的电杆，未安装完的电缆箱盒等半成品，必须放置平稳，严禁侵入规定的铁路限界，必要时应采取加固措施。

7．材料仓储人员应注意如下安全事项：

（1）材料库房里严禁吸烟，库内电器设备必须完善，不得产生火花，要经常检查库房消防设备的完好情况，并熟悉使用消防设备，做好防水工作。

材料仓储人员应注意如下安全事项：

（2）必须按材料的性能分开存放，易燃、易爆物品不得混合存放。氧气瓶不准和电石、汽油、酒精、橡胶水、苯以及其他易燃易爆物品混合存放在一起。

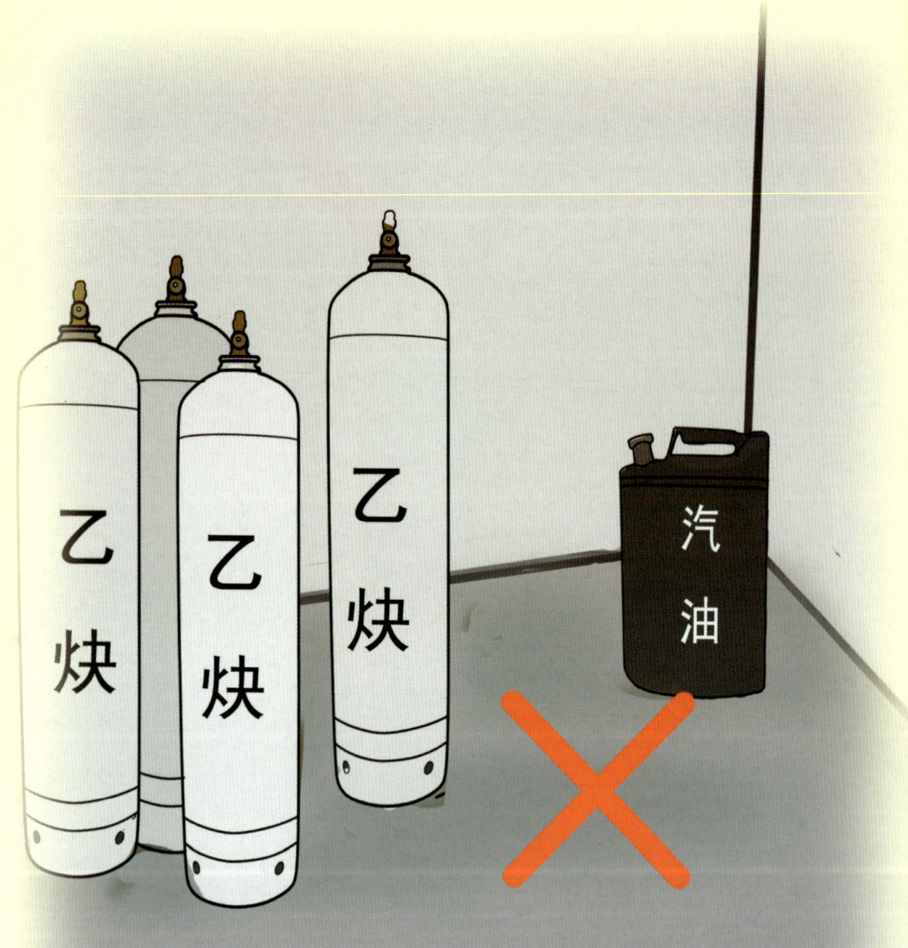

材料仓储人员应注意如下安全事项：
（3）乙炔瓶严禁与汽油混合存放。

材料仓储人员应注意如下安全事项：
（4）氧气瓶与乙炔瓶应分开存放。

材料仓储人员应注意如下安全事项：

（5）氧气瓶与乙炔瓶不可受太阳直射或者接近火源。

材料仓储人员应注意如下安全事项：
（6）氧气瓶要保持清洁，不得粘有油污。

材料仓储人员应注意如下安全事项：

（7）搬运氧气瓶要特别注意：

①上紧安全罩，手和手套不得沾有油污。

材料仓储人员应注意如下安全事项：
搬运氧气瓶要特别注意：
②要小心轻放，不许抛卸。

材料仓储人员应注意如下安全事项：

（9）硫磺等材料的存储地点必须距明火作业地点有一定的安全距离。仓库严禁明火。硫磺等材料应放在通风良好和温度较低处，并经常检查，在仓库保管时间不宜太久。

材料仓储人员应注意如下安全事项：

（10）仓库内要留有足够的通道，并必须畅通无阻。

材料仓储人员应注意如下安全事项：

（11）炎热天气搬运沥青必须穿戴防护用品（手套、口罩等）以免中毒。

材料仓储人员应注意如下安全事项：

（12）硫酸、盐酸等烈性物资，事先必须检查包装品及所用工具是否牢固可靠，注意轻搬轻放。

跳板坡度不得大于1：3，并有防滑措施。

1.2　材料装卸与运输

1．装卸、搬运作业应符合下列规定：

（1）装卸、搬运作业场地应平坦，跳板应坚固牢靠，跳板坡度不得大于 1∶3，并有防滑措施。

装卸、搬运作业应符合下列规定：

（2）作业前应接到技术人员对物料种类、性质、质量、装运地点及安全注意事项的交底。未接到交底前不宜作业。

装卸、搬运作业应符合下列规定：

（3）装卸、搬运危险品应轻搬轻放。在装卸、搬运有毒和腐蚀性物品时，应采取可靠的防护措施。

2．大型构件的装卸应符合下列规定：

（1）大型构件的装卸应按制定的专项安全技术措施进行，并由专人指挥。吊装作业必须符合有关规定。

大型构件的装卸应符合下列规定：

（2）吊车装卸时，停留起吊设备的场地应平整、坚固，避开沟渠、坑洞或松软土质。吊车撑脚的支垫应保证起吊时车身平稳，吊车前后轮应固定牢靠。拖车、平板车应制动，前后轮应塞楔牢固。

大型构件的装卸应符合下列规定：

（3）在成堆的构件中起吊时，应防止相邻构件倒塌或翻滚，对未起吊构件必须捆牢。

大型构件的装卸应符合下列规定：

（4）装车时，构件重心应放在车厢中心位置处，并将构件绑扎牢固，支垫平稳。

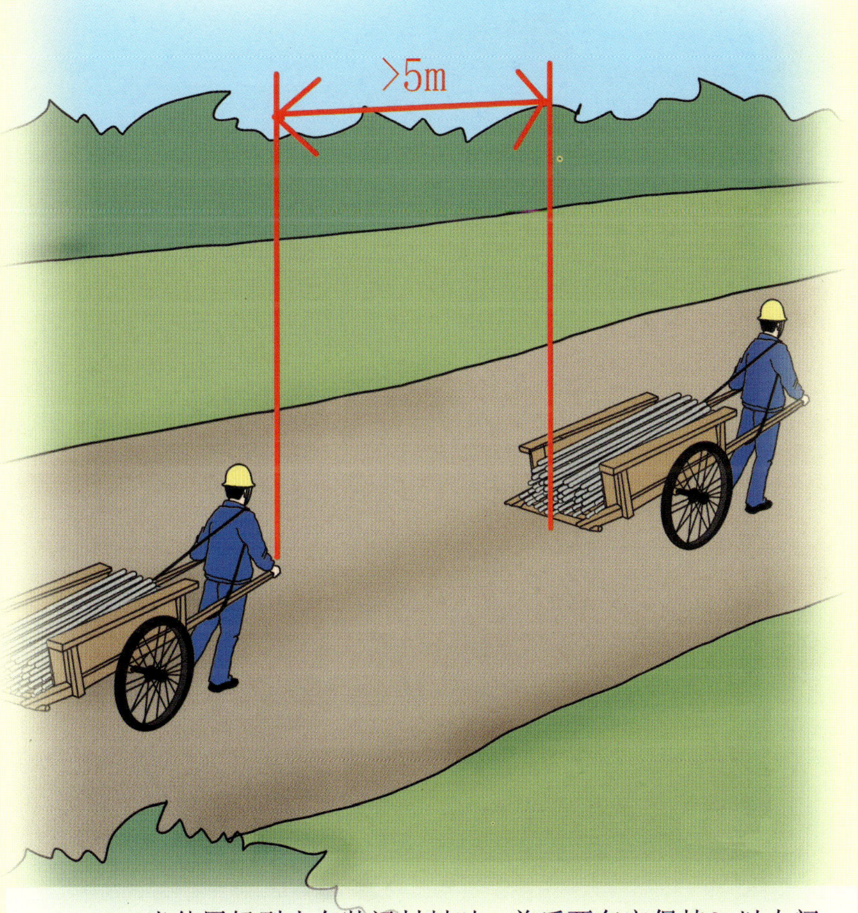

3．当使用轻型小车装运材料时，前后两车宜保持2m以上间距，重车运行时两车间距必须大于5m，上下坡道时宜保持10m以上间距。

4. 使用轨道平车运输大型构件应符合下列规定：

（1）轨道铺设应平直、圆顺，轨距应在允许误差之内。

（2）长钢轨运输时，当轨道曲线半径在500m以下时，应限速45km/h。 当曲线半径在300m以下时，应限速25km/h。

使用轨道平车运输大型构件应符合下列规定：
（3）长钢轨运输侧向通过道岔时，应限速25km/h。

使用轨道平车运输大型构件应符合下列规定：

（4）应检查确认平车的转向托盘或转盘、制动器状态完好，构件支撑牢固。

使用轨道平车运输大型构件应符合下列规定：
（5）应设专人押运，严禁溜放。

5．使用平板拖车运输大型构件应符合下列规定：

（1）在运输前，应对运输线路的等级、坡度、曲线半径、路面完整情况，沿途公路桥梁、涵洞的承载能力，桥涵高度、宽度等进行全面检查，必要时应采取加固措施。

使用平板拖车运输大型构件应符合下列规定：

（2）运输超限构件必须向有关部门申报，经批准后，在指定的线路上行驶。牵引车上应悬挂安全警示标志，超高部件应设专人看护，并配有适当的备用工具。

使用平板拖车运输大型构件应符合下列规定：

（3）速度不宜大于5km/h。简支梁的运输，除在横向加斜撑防止倾覆外，平板车上的搁置点必须设有转盘。

使用平板拖车运输大型构件应符合下列规定：

（4）除一名主驾驶员外，应指派一名副驾驶员，协助瞭望行车线路周围障碍物的情况，发现问题应停车处理。

（5）重车下坡时应避免急刹车。驶向转弯或险要地段时，应降低车速，鸣笛示警。

使用平板拖车运输大型构件应符合下列规定：

（6）在暴风雪、雷雨、大雾天及泥泞的硬滑路面上不得运输。在较好天气运输时，遇长大陡坡，必须提前采取措施。

6. 在水上运输大型构件应符合下列规定：

（1）驳船装卸运输大型构件时，应符合航运部门的有关规定，船长必须事先熟悉运输航道和所运构件的特点，非船员不得掌舵开航。船头、船尾、船帮上人员不得站立和骑坐。

（2）装运构件时，应根据驳船的载运能力装载，不准超载。如构件重量不够，则应用重物压仓，以提高船舶稳定性。

（3）构件吊装入船后，应绑扎牢固，支垫平稳。驳船使用拖轮牵引转弯时应减速，并不得与其他建筑物碰撞。

在水上运输大型构件应符合下列规定：

（4） 拖轮牵引构件时，应事先了解航线经过处的水深、流速、障碍物等情况，并制定拖轮牵引方案。当使用多艘拖轮牵引时，应配备对讲机或移动电话等通信器材，并统一指挥。

（5） 大型预制构件在水运中，应根据构件的高度确定其露出水面的高度，并不应小于0.5m。

（6） 当需临时封闭航道时，应经航运监督部门批准，并派出监护船只跟踪监护。在深水航道行船时，船上作业人员应备救生设备。遇有雨雪、大风天气时，人在船上走动应防滑。

（7） 拖轮拖运构件时，应随时检查牵引索和大型构件的可靠性和稳定性。发现有异常现象时，应及时采取措施。

2　爆破器材储运安全

2.1　爆破器材储存

1．爆破器材应储存在专用的爆破器材库，库房管理应符合下列规定：

（1）爆破器材堆放不得倾斜。

爆破器材应储存在专用的爆破器材库，库房管理应符合下列规定：

（2）雷管必须放在货架上，铵锑炸药及其他爆破器材箱应堆放在垫木上，架、堆相互之间的通道宽度不小于1.3m。

爆破器材应储存在专用的爆破器材库，库房管理应符合下列规定：

（3）架上堆放雷管时，禁止叠放。

爆破器材应储存在专用的爆破器材库，库房管理应符合下列规定：

（4）爆破器材箱距上层架板的间距不得小于4cm，架宽不超过两箱的宽度，货架与墙壁的距离不小于2cm。

爆破器材应储存在专用的爆破器材库，库房管理应符合下列规定：

（5）堆放导火索、导爆索和硝铵类炸药等的货架高度不超过1.6m。

爆破器材应储存在专用的爆破器材库，库房管理应符合下列规定：

（6）炸药、雷管应在专设的发放间发放。

爆破器材应储存在专用的爆破器材库，库房管理应符合下列规定：

（7）库区内应整洁、防潮和通风良好，杜绝鼠害。

（8）库区内严禁烟火和明火照明。

爆破器材应储存在专用的爆破器材库，库房管理应符合下列规定：

（9）严禁烘烤爆破器材。

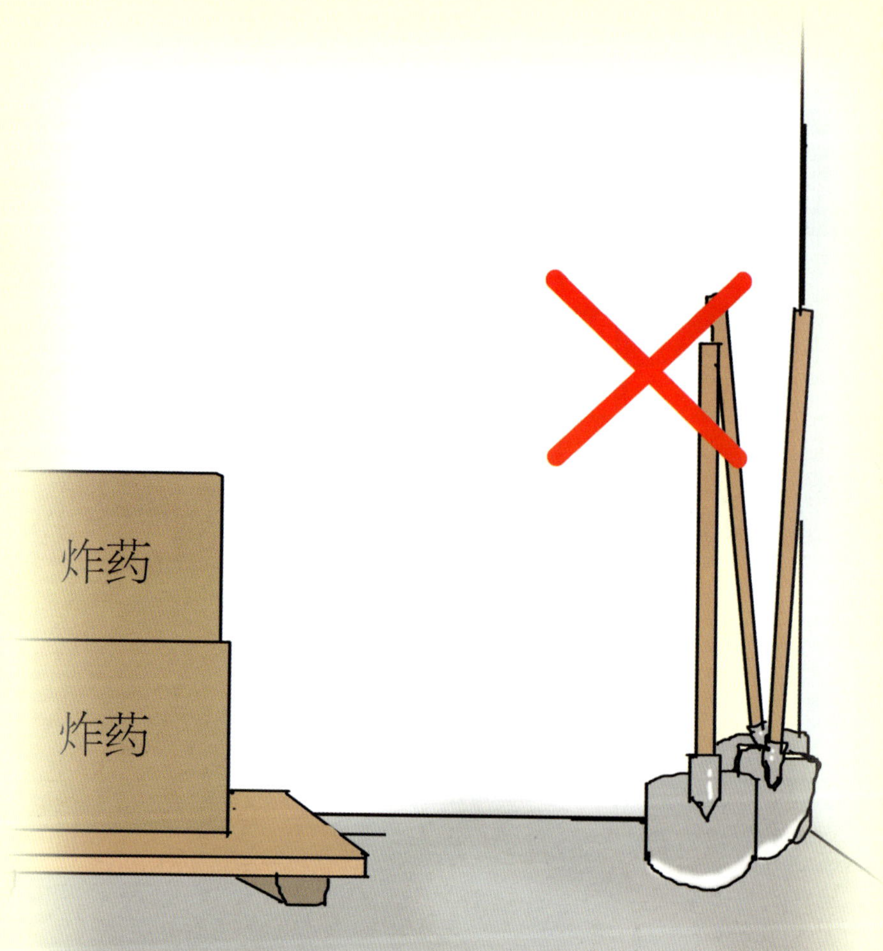

爆破器材应储存在专用的爆破器材库，库房管理应符合下列规定：

（10）严禁在库房存放与管理工作无关的工具和杂物。

爆破器材应储存在专用的爆破器材库，库房管理应符合下列规定：

（11）变质和过期失效的爆破器材，应及时清理出库，予以销毁。

爆破器材应储存在专用的爆破器材库，库房管理应符合下列规定：

（12）建立出入库检查登记制度，收存和发放爆破器材必须进行登记，做到账目清楚，账物相符。

2．爆破器材库区应注意以下事项：

（1）进入库区不得带烟火及其他引火物。

爆破器材库区应注意以下事项：
（2）进入库区不应穿带钉鞋和易产生静电的化纤衣物。

爆破器材库区应注意以下事项：
（3）不得使用能产生火花的工具开启炸药、雷管箱。

爆破器材库区应注意以下事项：

（4）库区的消防、通信设备、警报和防雷装置应定期检查。

爆破器材库区应注意以下事项：

（5）库区应昼夜警卫，加强巡逻，严禁无关人员进入库区，库区的消防设备、报警装置每季度检查一次。

3．发现爆破器材丢失、被盗，必须及时报告所在地公安机关。

2.2 爆破器材装卸

爆破器材装卸应符合下列规定：

（1）有专人在场监督。

爆破器材装卸应符合下列规定：
（2）白天应悬挂红旗和警标。

爆破器材装卸应符合下列规定：
（3）夜晚应有足够的照明，并悬挂红灯。

爆破器材装卸应符合下列规定：
（4）设置警卫，禁止无关人员在场。

爆破器材装卸应符合下列规定：
（5）爆破器材和其他货物不应混装。

爆破器材装卸应符合下列规定：

（6）雷管等起爆器材，不得与炸药在同时同地进行装卸。

爆破器材装卸应符合下列规定：
（7）遇暴风雨或雷雨时，不得装卸爆破器材。

爆破器材装卸应符合下列规定：

（8）装卸爆破器材的地点，应远离人口稠密区。

爆破器材装卸应符合下列规定：

（9）装卸搬运应轻拿轻放，码平、卡牢、捆紧，不得摩擦、撞击、抛掷、翻滚、侧置及倒置爆破器材。

雷管和硝化甘油类炸药一样，码放不得超过两层。

爆破器材装卸应符合下列规定：

（10）雷管或硝化甘油类炸药分层装载时不得超过二层。

2.3 爆破器材运输

1. 禁止用翻斗车、自卸汽车、拖车、拖拉机、机动三轮车、人力三轮车、自行车和摩托车运输爆破器材。

2. 用人工搬运爆破器材时，必须遵守以下规定：

（1）在夜间或隧道内，应随身携带完整的矿用蓄电池灯、安全灯和绝缘手电筒。

用人工搬运爆破器材时，必须遵守以下规定：

（2）炸药与雷管应分别放在两个专用背包（木箱）内，禁止装在衣装内。

2 爆破器材储运安全

用人工搬运爆破器材时，必须遵守以下规定：

（3）领到爆破器材后，应直接送至爆破地点，禁止乱丢乱放。

用人工搬运爆破器材时，必须遵守以下规定：

（4）不得提前班次领取爆破器材，不得携带爆破器材在人群中停留和搭乘公共交通工具。

用人工搬运爆破器材时，必须遵守以下规定：

（5）一人一次运送的爆破器材数量，不超过：

①同时搬运炸药和起爆器材10kg。

②拆箱搬运炸药20kg。

③背运原包装炸药一箱。

④挑运原包装炸药二箱。

3．装卸和搬运爆破器材时，严禁烟火和携带发火物。

4. 爆破器材的运输不得随意改变批准的运输路线。更不得停放在人口稠密区。

【案例】两辆装载72t炸药的货车在检修时发生爆炸。由于运送炸药属于特种危险品运输，按照规定，车辆行经线路和经停地点都需要报公安部门获准。事故调查表明，停放在事发地点的运输炸药车辆，存在未按规定运输路线行车和违规停靠等行为。

3　其他危化物品储运安全

3　其他危化物品储运安全

3.1　危化物品储存

1．危险化学品储存应符合下列规定：

（1）储存危险化学品的仓库及场所应设专人管理，管理人员必须配备可靠的个人安全防护用品。

（2）储存的危险化学品应有明显的标志，标志应符合有关规定。同一区域储存两种或两种以上不同级别的危险品时，应按最高等级危险物品的性能标志。

危险化学品储存应符合下列规定：

（3）危险化学品按性能分区、分类、分库储存。各类危险化学品不得与禁忌物料混合储存。

危险化学品储存应符合下列规定：

（4）储存危险化学品的建筑物、区域内严禁吸烟和使用明火。

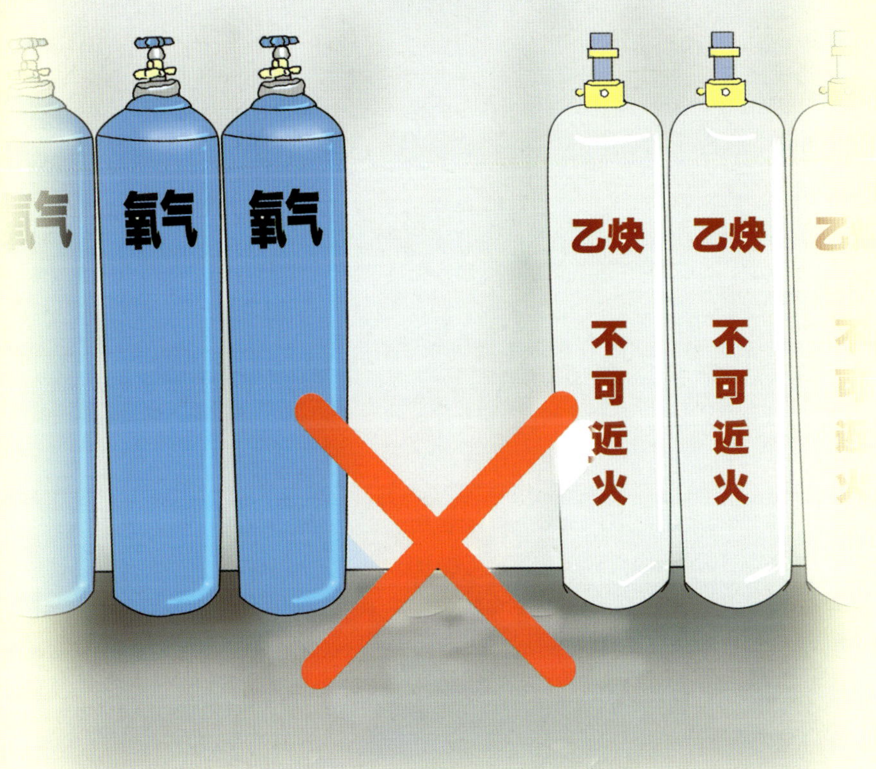

危险化学品储存应符合下列规定：

（5）危险化学品贮存应符合危险化学品分类、分项、容器类型、储存方式和消防的要求。

2．危险化学品入库后应采取适当的养护措施。在储存期内，定期检查，发现其品质变化、包装破损、渗漏、稳定剂短缺等，应及时处理。

3. 危险化学品出入库，必须进行核查登记，检验物品质量、数量、包装情况、有无泄漏。当物品性质不清时不得入库。

3.2　危化物品运输及使用

1．运输、装卸、搬运及使用危险化学品时，应根据危险化学品的危险特性，按有关规定执行，采取安全防护措施，做到轻装、轻卸。严禁摔、碰、撞、击、拖拉、倾倒和滚动。

2. 严禁用同一车辆运输互为禁忌的物品。

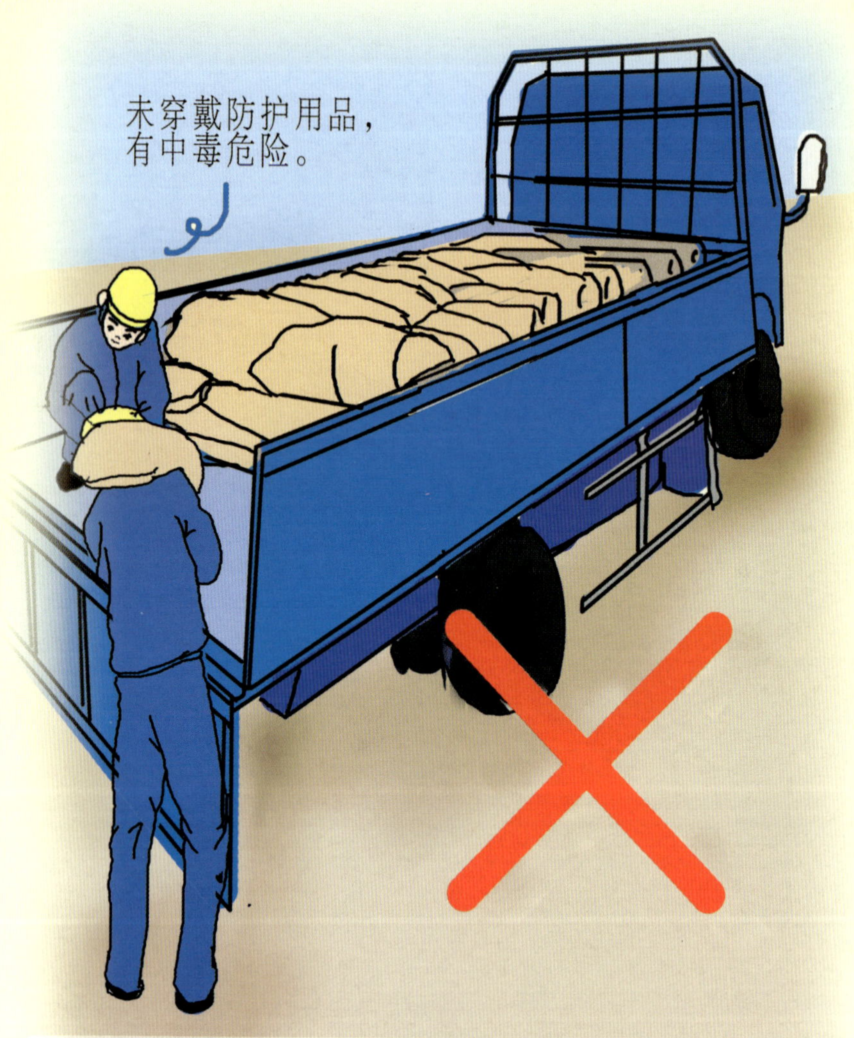

3．装卸及使用对人身有毒害及腐蚀性的物品时，操作人员应根据危险性，穿戴相应的防护用品。

4. 修补、换装、清扫、装卸易燃、易爆危险化学品时，应使用不产生火花的铜制、合金制或其他工具。

5. 应配备经过培训的专职或兼职消防人员。

6. 装卸、搬运过程中，严禁烟火。

7．禁止向江河、湖泊、运河、渠道、水库及其最高水位线以下的滩地和岸坡等法律、法规规定禁止倾倒、堆放废弃物的地点倾倒、堆放固体废物。

4　人力搬运材料安全

4　人力搬运材料安全

4.1　一般问题

1．作业时必须服从带班人员指挥。 并根据作业要求，佩戴防护用品。

2．配合其他专业工种人员作业时，必须服从该专业工种人员的指挥。

3. 运输大石块、盖板等重物时，应事先确定装卸方法，并设专人指挥。 装运块石时应插紧，并不得抛掷。

4.2 手推车使用

1. 认识手推车

手推车有独轮、两轮、三轮和四轮之分。独轮车可在狭窄的跳板、便桥和羊肠小道上行驶，能够原地转向，倾卸货物十分便利。本图为搬运散状物料的独轮斗车。

4 人力搬运材料安全

认识手推车
本图为搬运成件物品的独轮架子车。

认识手推车

常用的两轮车有搬运成件物品的手推搬运车（又名老虎车）、架子车和搬运散状物料的斗车等。图示为搬运散状物料的两轮斗车。

认识手推车

三轮手推车中有1个、四轮手推车中有2个可绕铅垂轴回转的回转脚轮。这种回转脚轮在运行中能随着车辆运动方向的改变而自动调整到运行阻力最小的方向。本图为三轮手推车。

4.2 手推车使用

认识手推车

图示的手推车，虽然车轮数量超过4个，但是支点仍然为3个，也可以归入到三轮车之中。

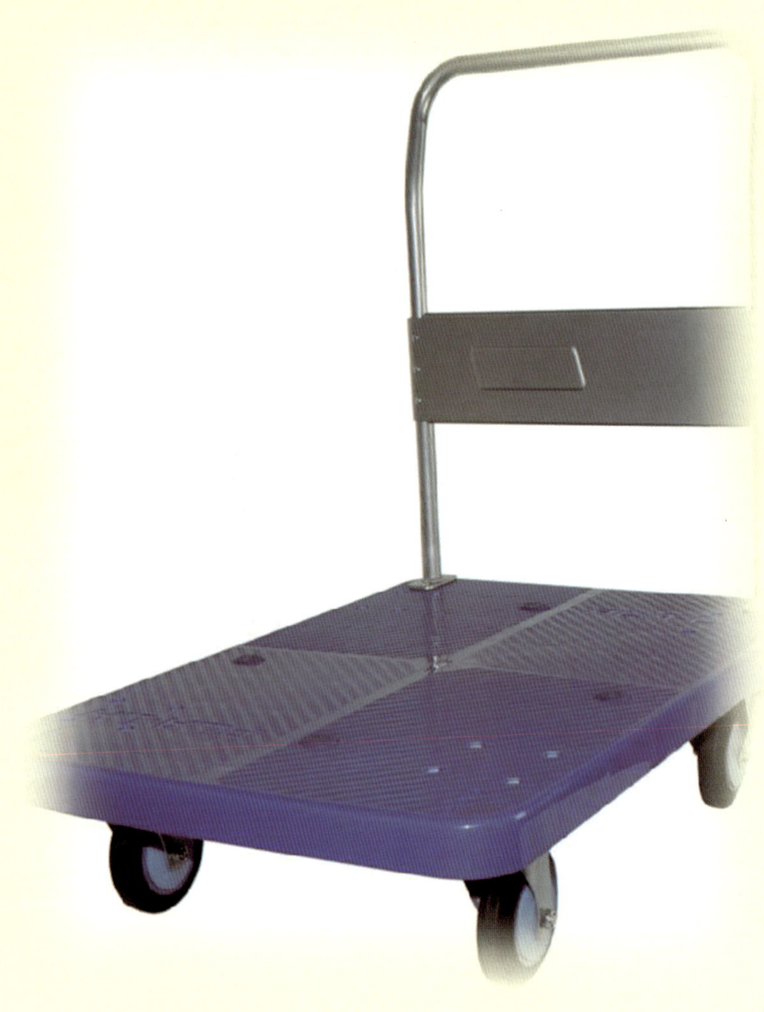

认识手推车
本图为四轮手推车。

2. 使用手推车运输材料应注意以下问题：

（1）作业前应对运输道路进行平整，保持道路坚实、畅通。便桥应支搭牢固，桥面宽度应比小车宽1m，且不小于1.5m，便桥两侧必须设护栏和挡脚板。

使用手推车运输材料应注意以下问题：

（2）用架子车装运材料，应2人以上操作，保持架子车平稳，车上不得乘人。

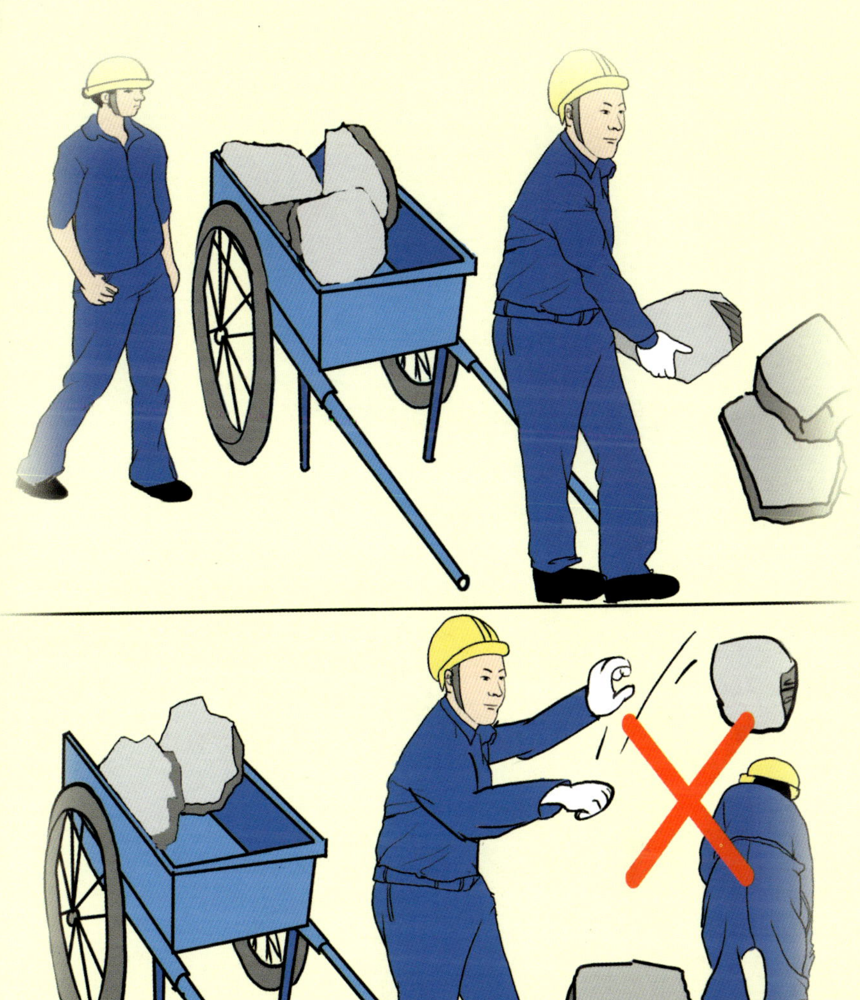

使用手推车运输材料应注意以下问题：
（3）卸材料时，前方、基坑内不得有人。

使用手推车运输材料应注意以下问题：

（4）基坑边卸料时，车轮应设好楔子。 卸土方和道路材料时，应待车挡板打开后方可卸料。

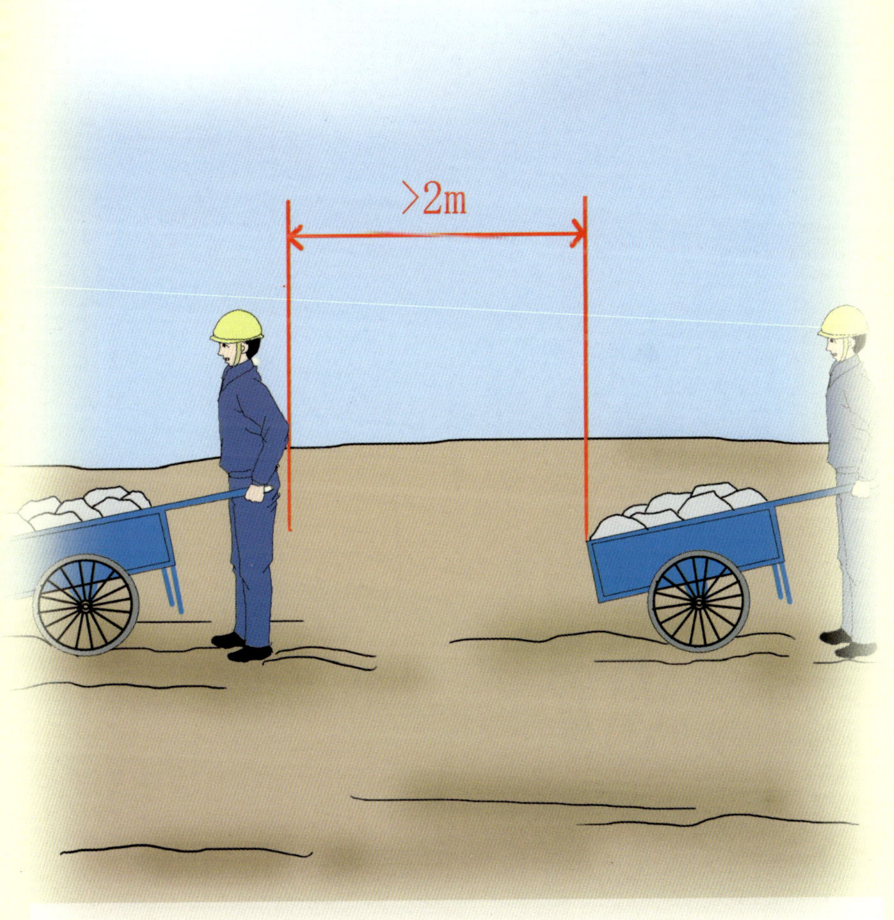

使用手推车运输材料应注意以下问题：

（5）使用手推车运输材料时，在平地上前后车间距不得小于2m。下坡时应稳步推行，前后车间距应根据坡度确定，但不得小于10m。

使用手推车运输材料应注意以下问题：
（6）架子上码砖、砌块、模板不超过3层。

使用手推车运输材料应注意以下问题：

（7）使用手推车运输时应平稳推行，不得抢跑，空车应让重车。需在马路上作业时，马路应设防滑条和防护栏杆。

使用手推车运输材料应注意以下问题：

（8）用手推车运料，向搅拌机料斗内倒沙石料时，应设挡掩，不得撒把倒料。向搅拌机料斗内倒水泥时，脚不得蹬在料斗上。

使用手推车运输材料应注意以下问题：

（9）装、运、卸路缘石、大方砖等材料时，应按顺序搬运，码放平稳、整齐，卸车时严禁撒把倒料。

4.3　石料运输

运输石料时应符合以下要求：

（1）运输石料宜用自卸车，人工卸料时，必须确认车厢内石料无滚落危险后，方可打开车门卸车。汽车运输石料时，石料不应高出槽帮，车槽内不得乘人。

运输石料时应符合以下要求：

（2）用手推车运料时，应平稳装卸，装车先装后面，装车不得超载。

运输石料时应符合以下要求：

（3）推手推车时，拉车的绊绳不得短于3m，下坡时拉车人应在车后拉绳。

运输石料时应符合以下要求：

（4）从手推车卸料时，卸车先卸前面。卸车时，车前不得有人。

运输石料时应符合以下要求：

（5）使用手推车在脚手架上推运石料时，必须人工搬卸，不得倾倒。

运输石料时应符合以下要求：

（6）人工搬运石料时，作业人员应协调配合，动作一致。自石垛搬运石块时，必须自垛顶向下按45 °角逐层进行。

（7）垂直运输前，必须检查并确认吊具、吊笼、吊斗、绳索等牢固。 作业时必须服从信号工的指挥。

运输石料时应符合以下要求：

（8）自槽上向槽内卸块石时，下方区域内严禁站人。

4.4 其他问题

1. 人工抬运石料或盖板时，木杠、绳索应坚实，捆绑应牢固，抬运步伐应一致，起落应呼应。

2．地上码放砖、砌块、模板的高度不得超过1.5m。

3．装卸材料应轻搬稳放，不得乱抛乱扔。

4．运砖时应用砖夹子装卸、码放整齐，不得倾倒卸车。

5．从料垛取料时，应自上而下阶梯状分层拿取。

6. 不得随意靠墙堆放物料。 不得将物料堆放在管道的检查井、消防井、电信井、燃气、抽水缸井等设施上。

7. 搬运袋装水泥时，必须按顺序逐层取运。

8．堆放袋装水泥时，垫板应平稳、牢固。

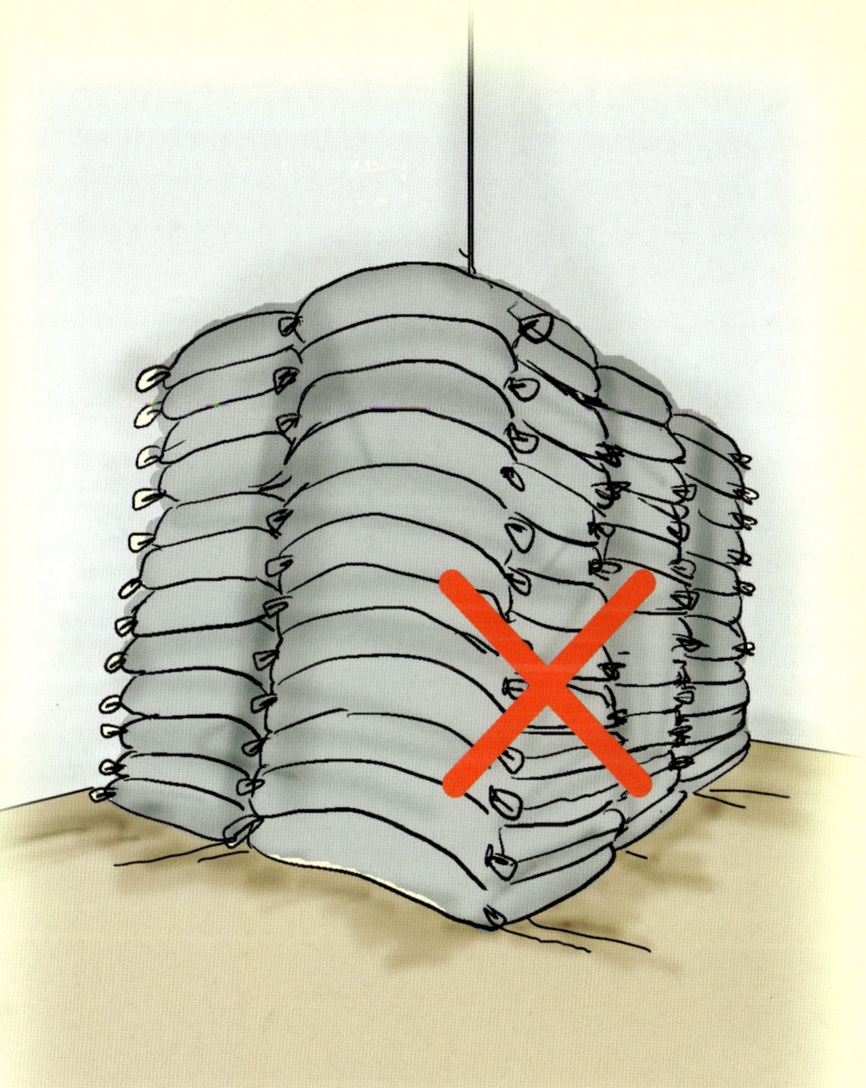

9．堆放袋装水泥必须按层码垛整齐，高度不得超过10袋。

5　运输车辆与设备安全

5.1 平板拖车

1. 运输超限货物时，必须向交通管理部门办理通行手续，在规定时间内按规定路线行驶。超限部分白天应插红旗。超高物体应有专人照管，并应配电工随带工具保护途中输电线路，保证运行安全。

平板拖车

2．运输超限物件在晚上运输时，超限部分应挂红灯。

平板拖车

3．水温未达到70℃时，不得高速行驶。行驶中，变速时应逐级增减，正确使用离合器，不得强推硬拉，使齿轮撞击发响。前进和后退交替时，应待车停稳后，方可换挡。

平板拖车

4．装运推土机时，当铲刀超过拖车宽度时，应拆除铲刀。

平板拖车

5．装运轮胎式汽车吊，其起重臂应放到最低点，吊钩不得自由晃动。

平板拖车

6．装运履带式起重机，其起重臂应拆短，使之不超过机棚最高点，起重臂向后，吊钩不得自由晃动。拖车转弯时应降低速度。

7．严禁超速行驶。应根据车速与前车保持适当的安全距离，选择较好路面行进，应避让石块、铁钉或其他尖锐铁器。行驶中，应随时观察仪表的指示情况，当发现机油压力低于规定值，水温过高或有异响、异味等异常情况时，应立即停车检查，排除故障后，方可继续运行。

平板拖车

8．遇有凹坑、明沟或穿越铁路时，应提前减速，缓慢通过。

平板拖车

9．在车底下进行保养、检修时，应将内燃机熄火，拉紧手制动器并将车轮楔牢。

10．上、下坡应提前换入低速挡，不得中途换挡。下坡时，应以内燃机阻力控制车速，必要时，可间歇轻踏制动器。严禁踏离合器或空挡滑行。

11．启动前应进行检查并确认拖挂装置、制动气管、电缆接头等连接良好，且轮胎气压符合规定。

12．灯光、喇叭、指示仪表等应齐全完整。 燃油、润滑油、冷却水等应添加充足。各连接件不得松动。 确认无误后，方可启动。燃油箱应加锁。

平板拖车

13．当车辆陷入泥坑、砂窝内时，不得采用猛松离合器踏板的方法来冲击起步。

14．当使用差速器锁时，应低速直线行驶，不得转弯。

平板拖车

15．车辆涉水过河时，应先探明水深、流速和水底情况，水深不得超过排水管或曲轴皮带盘，并应低速直线行驶，不得在中途停车或换挡。涉水后，应缓行一段路程，轻踏制动器使浸水的制动片上水分蒸发掉。

平板拖车

16. 通过危险地区或狭窄便桥时，应先停车检查，确认可以通过后，应由有经验人员指挥前进。

平板拖车

17．停放时，应将内燃机熄火，拉紧手制动器，关锁车门。内燃机运转中驾驶员不得离开车辆。 在离开前应熄火并锁住车门。

平板拖车

18．机械装车后，各制动器应制动住，各保险装置应锁牢，履带或车轮应楔紧，并应绑扎牢固。

平板拖车

19．在泥泞、冰雪道路上行驶时，应降低车速，宜沿前车辙迹前进，必要时应加装防滑链。

平板拖车

20．在坡道上停放时，下坡停放应挂上倒挡，上坡停放应挂上一挡，并应使用三角木楔等塞紧轮胎。

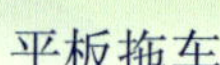

平板拖车

21．上、下坡道时，应提前换低速挡，不得中途换挡和紧急制动。严禁下坡空挡滑行。

22．平头型驾驶室需前倾时，应清除驾驶室内物件，关紧车门，方可前倾并锁定。复位后，应确认驾驶室已锁定，方可起动。

平板拖车

23．雨、雪、霜冻天气装卸车时，应采取防滑措施。

平板拖车

24．车辆经修理后需要试车时，应由合格人员驾驶，车上不得载人、载物，当需在道路上试车时，应挂交通管理部门颁发的试车牌照。

25．使用随车卷扬机装卸物件时，应有专人指挥，拖车应制动住，并应将车轮楔紧。

平板拖车

26．拖车装卸机械时，应停放在平坦坚实的路面上，轮胎应制动并用三角木楔塞紧。

平板拖车

27．拖车停放地应坚实平坦。长期停放或重车停放过夜时，应将平板支起，轮胎不应承压。

28．装卸能自行上下拖车的机械，应由机长或熟练的驾驶人员操作，并应由专人统一指挥。指挥人员应熟悉指挥的拖车及装运机械的性能、特点。上、下车动作应平稳，不得在跳板上调整方向。

起步前，车旁及车下应无障碍物及人员。

平板拖车

29．启动后，应观察各仪表指示值、检查内燃机运转情况，测试转向机构及制动器等性能，确认正常并待水温达到40℃以上、制动气压达到安全压力以上时，方可低挡起步。起步前，车旁及车下应无障碍物及人员。

30．严寒地区停放过夜时，应将贮气筒中空气和积水放尽。

5.2 载重汽车

1. 不得人货混装。因工作需要搭人时，人不得在货物之间或货物与前车厢板间隙内。严禁攀爬或坐卧在货物上面。

载重汽车

2. 拖挂车时，应检查与挂车相连的制动气管、电气线路、牵引装置、灯光信号等，拖挂车的车轮制动器和制动灯、转向灯应配备齐全，并应与牵引车的制动器和灯光信号同时起作用。确认后方可运行。起步应缓慢并减速行驶，避免紧急制动。

【案例】某交叉路口，一辆满载钢筋的卡车因制动气管失效冲下一座桥梁。

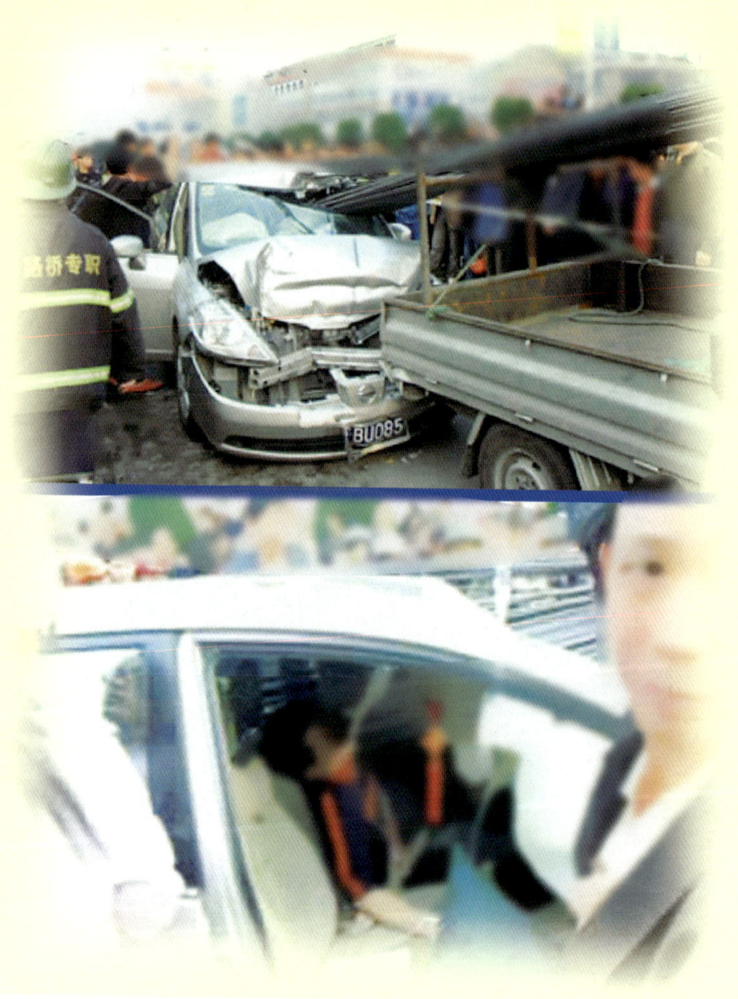

载重汽车

3．装载超限货物时，应在超限货物部位悬挂红旗，以警示周围车辆和行人。

4．载重汽车装运材料时，严禁超载。

5.3 自卸汽车

1. 经考试合格取得机动车辆驾驶证驾驶员，方可驾驶自卸汽车。驾驶员应熟知本车结构、性能，严格遵守《操作（使用）和保养手册》中的安全规则和注意事项。自卸汽车进入城市交通或公路时，必须遵守交通法规。

2. 启动前应进行重点检查。灯光、喇叭、指示仪表等应齐全完整。燃油、润滑油、冷却水等应添加充足。各连接件不得松动。轮胎气压应符合要求，确认无误后，方可启动。燃油箱应加锁。

自卸汽车

3．启动后，怠速运转5min，观察各仪表指示值、检查内燃机运转情况、测试转向机构及制动器等性能，确认正常并待水温达到40℃、制动气压达到安全压力时，方可低挡起步。起步前，车旁及车下应无障碍物及人员。

自卸汽车

4．严禁超速行驶。应根据车速与前车保持适当的安全距离，选择较好路面行进，应避让石块、铁钉或其他尖锐铁器。

自卸汽车

5．遇有凹坑、明沟时，应提前减速，缓慢通过。

6．上、下坡应提前换入低速挡，不得中途换挡。下坡时，应以内燃机阻力控制车速，必要时，可间歇轻踏制动器。严禁踏离合器或空挡滑行。

自卸汽车

7. 在泥泞、冰雪道路上行驶时，应降低车速，宜沿前车辙迹前进，必要时应加装防滑链。

8. 当车辆陷入泥坑、砂窝内时，不得采用猛松离合器踏板的方法来冲击起步。当使用差速器锁时，应低速直线行驶，不得转弯。

自卸汽车

9．车辆涉水过河时，应先探明水深、流速和水底情况，水深不得超过排水管或曲轴皮带盘，并应低速直线行驶，不得在中途停车或换挡。涉水后，应缓行一段路程，轻踏制动器使浸水的制动蹄片上水分蒸发掉。

自卸汽车

10．通过危险地区或狭窄便桥时，应先停车检查，确认可以通过后，应由有经验人员指挥前进。

11．在过铁路平交路口时，时速不得超过20km，并应服从铁路道口人员指挥。 遇道口栏杆关闭，车应停在距栏杆5m以外，待信号开通后，再依次通过道口。 通过无人看守的平交道口时，须一停、二看、三通过。

【案例】图示为通过危险地区时，未停车检查，盲目行车的后果。

自卸汽车

12．夜间作业应有良好的照明设施，如遇下雨、下雪、大雾、刮大风，行经弯道、坡路、桥梁等狭窄地段，应加强瞭望，放慢车速，保证行车安全，大雾天能见度低于10m时，禁止出车作业。

13．配合挖装机械装料时，自卸汽车就位后应拉紧手制动器，在铲斗越过驾驶室时，驾驶室内严禁有人。

【案例】某交叉路口处，两辆自卸车发生相撞。此次事故是由于雾天车速过快造成的。

14．卸料前，必须确认车厢上方无电线或障碍物，四周无人员来往。

【案例】某沙场内，一辆自卸货车卸沙时，高高升起的车厢挂上了半空的万伏高压线，后轮嗤嗤冒黑烟，紧接着起火。

【案例】一辆自卸货车正在高压电线下运送石料，该车司机在倒砂石时在高压线下启动了自卸装置，车厢顶部随后触碰到了高压电线，瞬间10只轮胎被高压电击起火，车体也很快起火。

自卸汽车

15．卸料时，应将车停稳，不得边卸边行驶。举升车厢时，应控制内燃机中速运转，当车厢升到顶点时，应降低内燃机转速，减少车厢震动。

自卸汽车

16. 向坑洼处所卸料时，应和坑边保持安全距离，防止塌方翻车。

自卸汽车

17. 采用侧卸型的自卸汽车时，严禁在斜坡侧向卸料。

自卸汽车

18．定期利用装载机等机械对卸载地点进行平整和压实，以免卸载地表不平且差度较大而造成事故。

自卸汽车

19．实施驻车制动后，方可进行卸载作业的要求。

自卸汽车

20. 物料装载作业时，确保装载均匀且禁止超载装料。以免偏载造成车辆侧翻。

自卸汽车

21．举升作业时，以适当的速度进行举升，避免大油门超速举升而造成车辆剧烈晃动甚至侧翻。

自卸汽车
22. 倾卸地点地面一定不要是松软地面。

自卸汽车

23．卸料后，应及时使车厢复位，方可起步，不得在倾斜情况下行驶。

自卸汽车

24．严禁在车厢内载人。

25．装运混凝土或黏性物料后，应将车厢内外清洗干净，防止凝结在车厢上。

自卸汽车

26. 装土石方时，车辆应停放在视野宽阔、地平坚实的地方，便于挖装。在装大块石料时，车厢内应先铺装一层细泥石料，大块石料在车厢内必须稳固，以免在运输途中滑移偏载造成事故。

自卸汽车

27．卸土时，必须注意车辆四周及上方的障碍物，车辆要停在平坦坚实的地方（车停稳），再举升货斗卸土。当货箱卸不净时（地面泥土过高顶住），可慢速移动车辆，将土卸净，放下货箱后，才能运行。货箱未放下，严禁行车。

自卸汽车

28. 在边坡或危岩边卸土时，应设车挡或专人指挥卸土。

自卸汽车

29．停放时，应将内燃机熄火，拉紧手制动器，关锁车门。内燃机运转中驾驶员不得离开车辆。在离开前应熄火并锁住车门。

30．在坡道上停放时，下坡停放应挂上倒挡，上坡停放应挂上一挡，并应使用三角木楔等塞紧轮胎。

31．停车时，车应停在安全的地方。

自卸汽车

32．在北方地区冬季停放车辆时，不应将车辆停放在积水处所。

33．平头型驾驶室需前倾时，应清除驾驶室内物件，关紧车门，方可前倾并锁定。复位后，应确认驾驶室已锁定，方可起动。

34．车辆经修理后需要试车时，应由合格人员驾驶，车上不得载人、载物。

5.4 机动翻斗车

1. 行驶前，应检查锁紧装置并将料斗锁牢，不得在行驶时掉斗。

2. 起步时应平衡，不得突然加大油门，不得用二、三挡起步，应从一挡起步。

3. 不得用离合器处于半结合状态来控制车速。

4. 上坡时，当路面不良或坡度较大时，应提前换入低挡行驶。

5. 下坡时严禁空挡滑行。

6. 转弯时应先减速。 急转弯时应先换入低挡。

机动翻动车

7．翻斗车制动时，应逐渐踩下制动踏板，并应避免紧急制动。

8．通过泥泞地段或雨后湿地时，应减速缓行，应避免换挡、制动、急剧加速，且不得靠近路边或沟旁行驶，并应防侧滑。

9．小翻斗车行进中两车前后间距平道上不得小于7m，坡道上应根据坡度大小确定，但不得小于15m。在下雨或冰雪的路面上，应加大间距。

10．在坑沟边缘卸料时，应设置安全挡块，车辆接近坑边时，应减速行驶，不得剧烈冲撞挡块。

机动翻动车

11．停车时，应选择适合地点，不得在坡道上停车。冬季应采取防止车轮与地面冻结的措施。

12．条件限制，只能在坡道上停放时，下坡停放应挂上倒挡，上坡停放应挂上一挡，并应使用三角木楔等塞紧轮胎。

机动翻动车

13. 严禁料斗内载人。

机动翻动车

14．料斗不得在卸料工况下行驶。

15．不得利用料斗进行平地作业。

16．内燃机运转或料斗内载荷时，严禁在车底下进行任何操作。

机动翻动车

17．操作人员离机时，应将内燃机熄火，并挂挡、拉紧手制动器。

18．作业后，应对车辆进行清洗，清除砂土及混凝土等粘结在料斗和车架上脏物。

19．穿行社会道路必须遵守交通法规，听从指挥。 应及时清扫落地材料，保持现场环境整洁。

5.5 皮带输送机

1. 固定式输送机应按规定的安装方法安装在固定的基础上。移动式输送机正式运行前应将轮子用三角木楔住或用制动器刹住，以免工作中发生走动。有多台输送机平行作业时机与机之间，机与墙之间应有1m的通道。

2. 输送机使用前须检查各运转部分、胶带搭扣和承载装置是否正常，防护设备是否齐全。胶带的张紧度须在启动前调整到合适的程度。

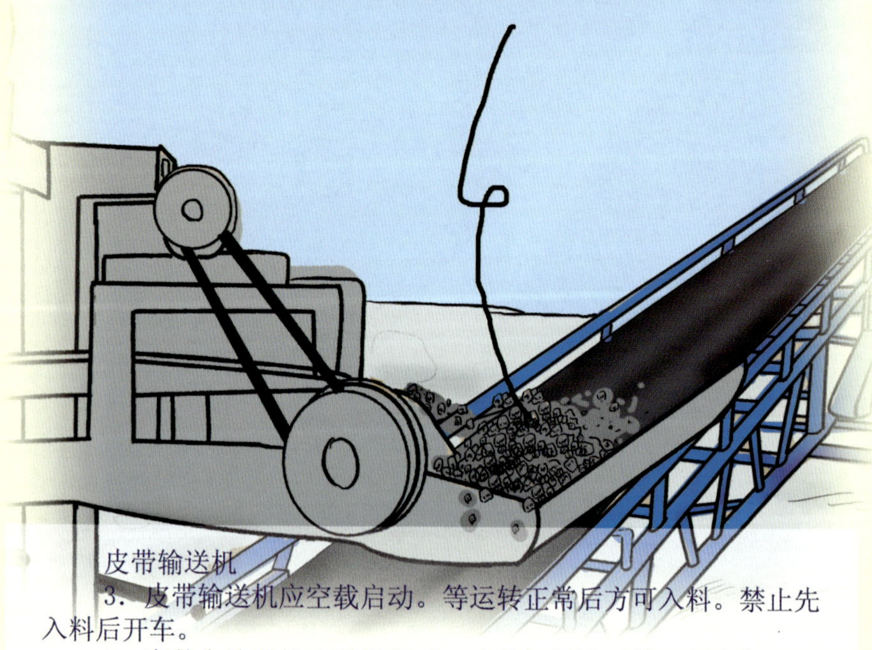

皮带输送机

3. 皮带输送机应空载启动。等运转正常后方可入料。禁止先入料后开车。

4. 有数台输送机串联运行时，应从卸料端开始，顺序起动。全部正常运转后，方可入料。

5. 运行中出现胶带跑偏现象时，应停车调整，不得勉强使用，以免磨损边缘和增加负荷。

皮带输送机
6. 输送带上禁止行走或乘人。

皮带输送机

7. 停车前必须先停止入料，待皮带上存料卸尽方可停车。

皮带输送机

8．输送机电动机必须绝缘良好。移动式输送机电缆不要乱拉和拖动。电动机要可靠接地。

9．皮带打滑时严禁用手去拉动皮带，以免发生事故。